Die Autorin:

Eveline Hasler studierte Psychologie und Geschichte und war
später als Lehrerin tätig. Sie lebt mit ihrem Mann und ihren drei
Kindern in St. Gallen, Schweiz. 1978 wurde sie mit dem Schweizer
Jugendbuchpreis ausgezeichnet. Sie hat so erfolgreiche Bücher wie
›Komm wieder, Pepino‹, ›Die Hexe Lakritze‹, ›Der wunderbare
Ottokar‹ und ›Das Schweinchen Bobo‹ geschrieben. An Erwachse-
ne wenden sich u. a. die Titel ›Anna Göldin. Letzte Hexe‹, ›Novem-
berinsel‹ und ›Ibicaba. Das Paradies in den Köpfen‹.
1988 erhielt ihr Buch ›Die Blumenstadt‹, illustriert von Štěpán
Zavřel, den 1. Preis des »Premio Critici in Erba«, der alljährlich im
Rahmen der Kinderbuchmesse in Bologna vergeben wird.
Titel von Eveline Hasler bei dtv junior und dtv: siehe Seite 4

Die Illustratorin:

Lilo Fromm wurde in Berlin geboren, dort, in Ostpreußen und an
der Nordsee wuchs sie auf. Nach dem Studium an den Hochschu-
len für Bildende Künste in Freiburg, München und Hamburg lebte
sie längere Zeit in Paris und auf Korsika. Seit 1956 ist Lilo Fromm
freie Malerin, macht Bilderbücher, illustriert Kinderbücher. Für
das Bilderbuch ›Der goldene Vogel‹ erhielt sie 1967 den Deutschen
Jugendbuchpreis und die Goldene Plakette der Biennale der Illu-
stratoren in Bratislava. Viele ihrer Bücher erhielten deutsche und
internationale Auszeichnungen, und viele erschienen in mehr als
zwanzig Sprachen.
Die Schulkinder, die in diesem Buch vorkommen, gibt es wirklich.
Sie leben in einem Dorf in Südfrankreich. Lilo Fromm hat sie in
einer Schulstunde besucht und für diesen Band gezeichnet. Daraus
entwickelte sich eine herzliche Freundschaft zwischen der Künst-
lerin und der Schulklasse.

Eveline Hasler

Der Buchstabenvogel

Mit Bildern von Lilo Fromm

Deutscher Taschenbuch Verlag

›Der Buchstabenvogel‹ ist auch in französischer und spanischer Sprache erschienen.

Zu diesem Band gibt es ein Unterrichtsmodell, enthalten in der Folge 1986 von LESEN IN DER SCHULE (Ausgabe Primarstufe), die zum Selbstkostenpreis über den Verlag zu beziehen ist.

Von Eveline Hasler sind außerdem bei dtv junior lieferbar:

In der Reihe dtv junior Lesebär:
In großer Druckschrift:
Der Buchstabenclown, Band 7572
Der Buchstabenräuber, Band 7584
Der wunderbare Ottokar, Band 7578

...und in Schreibschrift:
Der Buchstabenvogel, Band 7516
Der Buchstabenclown, Band 7530
Der Buchstabenräuber, Band 7532

bei dtv:
Anna Göldin. Letzte Hexe, Band 10457
Novemberinsel, Band 10667
Ibicaba. Das Paradies in den Köpfen, Band 10891

Originalausgabe
1. Auflage Oktober 1984
© 1984 Deutscher Taschenbuch Verlag GmbH & Co. KG,
München
Umschlaggestaltung: Celestino Piatti
Umschlagbild: Lilo Fromm
Gesetzt aus der Trump 16/20
Gesamtherstellung: Kösel, Kempten
Printed in Germany · ISBN 3-423-07563-5
5 6 7 8 9 10 · 95 94 93 92 91 90

Der Buchstabenvogel

Auf einem Baum,
nahe beim Schulhaus,
hat ein Vogel sein Nest.

Jeden Tag schaut er
von einem Ast aus
den Kindern zu.

für Hand

so Rolf

»Warum schreiben die Kinder?«
fragt der Vogel die Eule,
die auf dem nächsten Baum wohnt.

»Damit sie klug werden«,
sagt die Eule.

›Ich will auch klug werden!‹
denkt der Vogel.
›Ich will klug werden
wie die Eule!‹

Jeden Morgen
in der großen Pause
stehen die Fenster offen,
und das Schulzimmer ist leer.
Der Vogel fliegt
durchs Fenster
und hüpft
tipp!
tipp!
tipp!
auf den Pulten herum.
Auf den Pulten liegen
offene Hefte.
Die Buchstaben in den Heften
riechen nach frischer Tinte.
›Ich will die Buchstaben
fressen‹, denkt der Vogel,
›dann werde ich klug.
Klug wie die Eule!‹

Er pickt an einem kleinen a.
Pick! pick! pick!
»Nicht schlecht«,
krächzt er und schnabuliert
den Buchstaben.

Nach der Pause
ruft ein Mädchen:
»Oh, mein Wort hat eine Lücke!
Ich habe einen Buchstaben
vergessen.
Aber welchen?«

R . nd
Ist es ein i gewesen?
Ist es ein a gewesen?
Ist es ein u gewesen?

Am nächsten Morgen,
in der großen Pause,
stehen die Fenster
wieder offen.

Der Vogel fliegt schnell hinein
und nimmt von einem Heft

pick!

    pick!

        pick!

      drei Buchstaben weg.

Nach der Pause ruft ein Junge:
»Hilfe, in meinem Satz sind Lücken!
Man hat mir Buchstaben gestohlen!«

Die Kinder lachen.
Niemand glaubt ihm.

›Ich werde klug!
Ich werde klüger!
Ich werde am klügsten!
Ich werde klüger als die Eule‹,
denkt der Vogel
nachts im Nest.
Er ist jetzt ganz verrückt
nach Tinte.

Am nächsten Tag
kann er es kaum erwarten,
bis die Kinder
in die große Pause gehen.
Sobald das Schulzimmer leer ist,
fliegt er durchs offene Fenster

und hüpft
tipp! tipp! tipp!
von einem Heft zum andern.

Er schlägt wild mit den Flügeln
und nimmt
pick!

pick!

pick!
überall Buchstaben weg.

Sein Bauch füllt sich.
Sein Bauch schwillt an.
Sein Bauch sieht jetzt
kugelrund aus,
und die Federn
schillern tintenblau.

»Genug«, seufzt er.
Und jetzt schnell fort!
Er öffnet die Flügel,
er rüttelt die Flügel,
er schüttelt die Flügel,
aber die Flügel
tragen ihn nicht.
Mit Müh und Not
kann er noch auf das
Büchergestell flattern.

Dann stürmen
die Kinder herein.
»Oh«,
rufen die Kinder
alle durcheinander,
»in unseren Heften
sind Lücken!
Lücken wie bei
einem Gartenzaun!«

Der . pfe . ist . ot

Das . aus ist . och

Di . . aus . st . . au

Die . aus i . t . . ein

Das . ind ist b . aun

Das La . . ist . eiß

23

»Wo ist mein großes A?«
ruft ein Kind.
»Wo ist mein kleines k?«
ruft ein anderes.
»Wo sind meine beiden kleinen m?«
ruft ein drittes.

Da macht es hinten
auf dem Büchergestell
ganz leise »krächz«.
Alle drehen die Köpfe.

»Oh, ein Vogel!«
rufen die Kinder.
»Seine Federn schillern
tintenblau!
Seine Augen funkeln
tintenblau!
Und an seinem Schnabel
klebt Tinte!«
Dem Vogel wird es
dunkel vor den Augen,
als stecke er
in einem Tintenfaß.
»Krächz!«
sagt er leise
und öffnet den Schnabel
und spuckt und spuckt
und spuckt und spuckt

Buchstaben
und Buchstaben
und noch mehr Buchstaben.
Die Buchstaben wirbeln
im Zimmer herum,
und die Kinder
fangen sie jauchzend auf.

»Gib mir das große H!«
ruft eines.
»Gib mir das kleine f!«

ruft ein anderes.
»Gib mir die beiden kleinen m!«
ruft ein drittes.

Sie tauschen,
bis in den Heften
alle Lücken gefüllt sind.
Das ist ein spannendes Spiel.

»Krächz! Krächz!«
macht der Vogel
hinten auf dem Büchergestell
und verdreht die Augen.
Da öffnet die Lehrerin
das Fenster einen Spalt.
Der Vogel flattert hinaus
auf seinen Baum.

›Nie, nie mehr Tinte‹,
denkt er.
›Und die Buchstaben,
die lasse ich den Kindern,
und das Klugwerden,
das lasse ich der Eule.‹
Und dann schläft er ein
und träumt im Nest
von den Brotkrumen
auf dem Pausenplatz.